MILCHSHAKES, SMOOTHIES & FRAPPÉS

MILCHSHAKES, SMOOTHIES & FRAPPÉS

HANNAH MILES
FOTOS VON KATE WHITAKER

JAN THORBECKE VERLAG

Für Sacha, der das beste Mango-Lassi macht.

Aus dem Englischen übersetzt von Renate Christ

Umschlaggestaltung: Finken & Bumiller, Stuttgart
Gedruckt in China
ISBN 978-3-7995-0783-7

DANK DER AUTORIN

Mein Dank geht an den Verlag Ryland Peters & Small, dafür,
dass ich meine Milchshake-Träume ausleben durfte. Besonders danke ich Rebecca für ihre Geduld beim Lektorieren,
Julia für die Inspiration zum Pistazien-Milchshake und Megan
für die wunderschöne Buchgestaltung. Vielen Dank auch an
Sunil für die Zubereitung der hübschen Milchshakes, an Liz
für die perfekten Requisiten und an Kate für die umwerfenden
Fotos. Herzliche Grüße und vielen Dank an meinen Bruder
Gareth für seine Recherche bezüglich des US-Crunchie-Rie-
gels! Und an all meine tollen Milchshake-Verkoster – Ihr wisst
schon, wer gemeint ist – vielen Dank, dass Ihr die ganzen
Milchshakes geschlürft habt!

INHALT

GUT GESCHÜTTELT!

An meinen allerersten Milchshake kann ich mich immer noch ganz genau erinnern. Ich saß auf einer roten Lederbank in „Ed's Easy Diner" in London und genoss meinen ersten Schokoladen-Erdnussbutter-Shake. Ich war vom ersten Schluck an süchtig. Wer hat keine Freude an einem Glas eiskalter Milch oder einem durch einen Strohhalm geschlürften dickflüssigen Milchshake? Die Rezepte in diesem Buch bringen Sie direkt in Ihre Lieblings-Milchbar oder -Eisdiele: Es gibt sowohl Klassiker wie den Coke-Float oder den Erdbeershake als auch neue Leckereien wie den Schokokeks-Shake oder den Doughnut-Float.

Das Wichtigste an einem guten Milchshake ist eine luftige, schäumende Oberfläche. In dieser Hinsicht sind Eiscremesodas wahre Selbstläufer: Sobald man ein kohlensäurehaltiges Getränk über Eiscreme gießt, schäumt es auf eine geradezu magische Weise. Alle Rezepte lassen sich zu Hause leicht zubereiten. Ein Mixer, Gläser und Strohhalme sind die einzigen Utensilien, die Sie benötigen, und die meisten Zutaten sind leicht erhältlich. Ich habe für den Fall der Fälle immer eine Packung Vanilleeis im Tiefkühlfach. Dieses Buch enthält nicht nur Rezepte für Milchshakes, sondern auch für andere köstliche Getränke, wie das Mango-Lassi oder den Beeren-Smoothie, sowie für erfrischendere Drinks wie den Apfelschnee-Shake oder den Ananas-Minz-Crush. Für eine fettreduzierte Variante dieser Getränke können Sie Magermilch, fettarme Eiscreme (oder gefrorenen Joghurt) und Diät-Limonade verwenden.

Alle Rezepte in diesem Buch ergeben 2 Gläser à 300 ml, aber Sie können natürlich die Zutatenmenge beliebig erhöhen oder verringern. Mein Bruder ging einmal sogar so weit, bei der Hochzeit eines Freundes als Geschenk für das Brautpaar eine Milchshake-Bar zu errichten. Er mixte an einem Nachmittag über 200 Milchshakes! Welche Aromen auch immer Ihren Gaumen kitzeln – in diesem Buch findet sich unter Garantie ein Milchshake, der zu Ihnen passt. Viel Spaß beim Mixen!

Dies sind die Grundrezepte für die Soßen und Sirupe, die in meinen Rezepten verwendet werden. Sie eignen sich perfekt für Milchshakes.

GRUNDREZEPTE

BEERENSOSSE

200 g Erdbeeren, entstielt
150 g Himbeeren
150 g extrafeiner Zucker
1 TL Vanilleextrakt

ERGIBT 250 ML

Alle Zutaten in einem kleinen Topf bei milder Hitze köcheln lassen, bis sich der Zucker aufgelöst hat, das Obst sehr weich und die Soße sirupartig ist.

Die Soße durch ein Sieb passieren. Nach dem Abkühlen in eine Flasche füllen.

Die Soße hält sich in einer verschlossenen Flasche im Kühlschrank bis zu 1 Woche lang.

SCHOKOLADENSIRUP

125 g dunkelbrauner Zucker
125 g extrafeiner Zucker
70 g ungesüßtes Kakaopulver, gesiebt
1 TL Vanilleextrakt
1 Pr Salz

ERGIBT 500 ML

Alle Zutaten mit 250 ml Wasser in einen kleinen Topf geben. Bei milder Hitze so lange köcheln lassen, bis sich der Zucker aufgelöst hat, anschließend bei mittlerer Hitze unter Rühren sirupartig einkochen lassen.

Nach dem Abkühlen hält sich der Sirup in einer verschlossenen Flasche im Kühlschrank bis zu 3 Wochen lang.

KARAMELLSOSSE

100 g extrafeiner Zucker
50 g Butter
100 g Crème double
1 Pr Salz

ERGIBT 200 ML

Den Zucker und die Butter in einem kleinen Topf bei milder Hitze unter Rühren so lange erwärmen, bis die Butter geschmolzen und der Zucker aufgelöst ist. Das Salz unterrühren. Die Crème double hinzufügen und die Mischung so lange erhitzen, bis sie dickflüssig und karamellfarben ist. Wenn die Soße zu dick wird, fügen Sie etwas Crème double hinzu.

Nach dem Abkühlen hält sich die Soße in einem verschlossenen Glas im Kühlschrank bis zu 1 Woche lang.

KLASSISCH

Um die Erfindung des ersten Eiscremesodas ranken sich mehrere Geschichten. Die bekannteste Variante ist, dass einem Sodaverkäufer das Eis ausging und er stattdessen seine Getränke mit Eiscreme kühlte. Es gibt wohl kaum ein Mixgetränk, das einfacher zuzubereiten ist, und doch kenne ich keines, das schneller ein Lächeln auf die Gesichter der Leute zaubert. Sie können jegliches kohlensäurehaltige Getränk mit einer Eiscremesorte (oder einem Sorbet) Ihrer Wahl kombinieren. Da der Schaum recht schnell wieder verschwindet, müssen Sie diese Getränke sofort servieren. Oder Sie lassen Ihre Gäste die Limonade selbst eingießen.

EISCREMESODAS

COKE-FLOAT

4 Kugeln Vanilleeis
1 TL Vanilleextrakt
500 ml kalte Cola

2 hohe Gläser, gekühlt

2 PORTIONEN

In jedes Glas 1 Kugel Vanilleeis und ½ Teelöffel Vanilleextrakt geben. Die Gläser mit Cola auffüllen und in jedes Glas eine zweite Kugel Eis geben. Sofort servieren.

CREAM-SODA-FLOAT

4 Kugeln Zitronensorbet
500 ml kaltes Cream Soda (Vanille-
    Limonade, übers Internet erhältlich)

2 hohe Gläser, gekühlt

2 PORTIONEN

In jedes Glas 1 Kugel Sorbet geben. Die Gläser mit Cream Soda oder, falls nicht erhältlich, mit Zitronenlimonade auffüllen und in jedes Glas eine zweite Kugel Sorbet geben. Sofort servieren.

Von allen Milchshakes in diesem Buch, die meine Rezepttester verkostet haben, kam dieser auf den ersten Platz. Diese gehaltvolle Karamell-Bananen-Milch ist ein Muss für Bananen-Liebhaber. Falls Sie kein Bananeneis finden, können Sie auch Vanilleeis verwenden.

BANANEN-KARAMELL-MILCHSHAKE

4 EL Karamellsoße (siehe S. 8 oder gekauft) und zusätzlich zum Beträufeln

2 reife Bananen, geschält und in Scheiben geschnitten

500 ml kalte Milch

4 Kugeln Bananen- oder Vanille-eis

Einige Tropfen gelbe Speisefarbe (wer mag)

2 Bananenchips zum Dekorieren

2 hohe Gläser, gekühlt
2 Strohhalme

2 PORTIONEN

In jedes Glas 1 Esslöffel Karamellsoße geben und die Gläser so schwenken, dass die untere Hälfte mit einer dünnen Schicht überzogen ist. Dadurch entsteht ein hübscher zweifarbiger Effekt, wenn der Milchshake eingefüllt wird.

Die Bananen mit der Milch, 2 Esslöffeln Karamellsoße, 2 Kugeln Eiscreme und der Speisefarbe (falls verwendet) in den Mixer geben und so lange mixen, bis der Milchshake sehr dickflüssig und schaumig ist.

In die Gläser füllen und in jedes Glas eine zweite Kugel Eis geben. Mit den Bananenchips dekorieren, mit Karamellsoße beträufeln und sofort mit Strohhalmen servieren.

Diese Milchshakes sind in Anlehnung an das bei Kindern so beliebte Mini-Milk-Eis lediglich mit Vanille, Erdbeere und Schokolade aromatisiert. Ganz schlicht und ohne Schnickschnack – nur Milch mit köstlichem Geschmack. In Mini-Milchflaschen serviert, sehen sie besonders niedlich aus. Die Portionen sind kleiner als bei den anderen Rezepten, aber wenn Sie sehr durstig sind, können Sie einfach entsprechend mehr zubereiten.

MINI-MILCHSHAKES

VANILLE

½ Vanilleschote
60 g extrafeiner Zucker
200 ml kalte Milch

2 PORTIONEN

Für den Vanillesirup die Vanilleschote längs halbieren und mit
einem Teelöffel das Mark herauskratzen. Die Schote und das
Mark mit dem Zucker und 80 ml
Wasser in einem kleinen Topf
ca. 10 Minuten leise köcheln lassen, bis ein dünner Sirup entstanden ist. Vom Herd nehmen und
vollständig abkühlen lassen,
dann die Vanilleschote entfernen.
2 Esslöffel des abgekühlten
Vanillesirups zur Milch geben
und mit einem kleinen Schnee-
besen oder einer Gabel verquirlen. In 2 Mini-Milchflaschen füllen
und mit Strohhalmen servieren.

ERDBEERE

200 ml kalte Milch
1 EL Beerensoße (siehe S. 8 oder
    gekauft)
4 große reife Erdbeeren
1 EL Vanillesirup (siehe neben-
    stehendes Rezept) oder 1 TL
    **Vanilleextrakt und 1 EL extra-
    feiner Zucker**

2 PORTIONEN

Alle Zutaten in einem Mixer ein
paar Sekunden lang mixen, bis
die Milch hell und schaumig ist.
Den Milchshake durch ein Sieb
passieren, um die Erdbeerkerne
zu entfernen. In 2 Mini-Milchflaschen füllen und mit Strohhalmen servieren.

SCHOKOLADE

2 EL Schokoladensirup (siehe
    S. 8 oder gekauft)
200 ml kalte Milch

2 PORTIONEN

In einem Krug oder einer Kanne
den Schokoladensirup mit der
Milch verquirlen. In 2 Mini-Milchflaschen füllen und mit Strohhalmen servieren.

Erdnussbutterpralinen sind meine absolute Lieblingssüßigkeit, deshalb liebe ich diesen Milchshake sehr. Gehaltvoller Schokoladensirup, salzige Erdnussbutter und süße Karamellsoße eiskalt mit Eiscreme serviert – das ist ein Stück Paradies im Glas! Sie können je nach Vorliebe glatte oder auch stückige Erdnussbutter verwenden. Wenn Sie letztere nehmen, dann sollten Sie die Milchshakes mit Löffeln servieren, damit Sie die auf den Boden sinkenden Erdnussstückchen essen können.

ERDNUSSBUTTER-SHAKE

2 EL Schokoladensirup (siehe
   S. 8 oder gekauft)
4 EL Karamellsoße (siehe S. 8
   oder gekauft)
500 ml kalte Milch
100 g Erdnussbutter
4 Kugeln Vanilleeis
10 g mit Honig geröstete
   Erdnüsse, gehackt, zum
   Dekorieren

2 hohe Gläser, gekühlt
2 Strohhalme

2 PORTIONEN

Mithilfe eines Löffels abwechselnd Schokoladensirup und Karamellsoße innen an den Seitenwänden der Gläser herunterlaufen lassen (pro Glas ca. 1 Esslöffel von jeder Soße).

Die restlichen 2 Esslöffel Karamellsoße zusammen mit der Milch, der Erdnussbutter und 2 Kugeln Eiscreme in den Mixer geben und so lange mixen, bis der Shake sehr schaumig und dickflüssig ist.

Den Milchshake in die vorbereiteten Gläser füllen, auf jede Portion noch eine Kugel Eis geben und mit den Erdnüssen bestreuen. Sofort mit Strohhalmen servieren.

Diejenigen unter Ihnen, die diesen Klassiker nicht kennen, mögen beruhigt sein: Eiersahne enthält heutzutage weder Eier noch Sahne. Es ist ein sehr erfrischendes kohlensäurehaltiges Schokoladengetränk mit cremigem Schaum oben drauf – sozusagen die Light-Version eines Schokoladenmilchshakes. Das Rezept liegt mir sehr am Herzen, weil es angeblich aus Brooklyn stammt, wo mein Bruder Gareth lebt.

EIERSAHNE

2 EL Schokoladensirup (siehe
   S. 8 oder gekauft)
250 ml kalte Milch
250 ml kaltes Sodawasser

2 hohe Gläser, gekühlt

2 PORTIONEN

Den Schokoladensirup mit der Milch in einem Krug oder einer Kanne so lange verquirlen, bis sich der Sirup aufgelöst hat.

Die Schokoladenmilch in die gekühlten Gläser füllen und mit Sodawasser auffüllen. Das Getränk wird sofort aufschäumen und sollte deshalb direkt serviert werden.

Schokoladen-Malz-Shakes gehören zu meinen Favoriten.
Der Geschmack von Malz hat für mich etwas sehr Tröstendes,
weil er mich an die warmen Malzmilchgetränke erinnert, die
wir als Kinder vor dem Schlafengehen bekamen. Dieser Shake
wird mit Schoko-Malz-Kugeln bestreut und mit Schokoladeneis
serviert – sehr lecker!

SCHOKOLADEN-MALZ-SHAKE

4 EL Schokoladensirup (siehe
  S. 8 oder gekauft)
500 ml kalte Milch
30 g Malzmilchpulver
  (erhältlich z. B. über
  www.bright-britain.de oder
  www.greatbritishfood.de)
4 Kugeln Schokoladeneis
10 Schokoladenkugeln mit Malz-
  füllung (z. B. Maltesers) zum
  Dekorieren

2 hohe Gläser, gekühlt
Eine Dosierflasche

2 PORTIONEN

2 Esslöffel des Schokoladensirups in eine Dosierflasche füllen
und damit die Innenseite der Gläser mit hübschen Mustern
dekorieren.

Die Milch mit dem Malzmilchpulver, 2 Kugeln Schokoladeneis
und dem restlichen Sirup in einen Mixer geben und so lange
mixen, bis der Shake sehr dickflüssig und schaumig ist.

Die Schoko-Malz-Kugeln mit einem scharfen Messer
halbieren.

Den Milchshake in die vorbereiteten Gläser füllen, auf jede
Portion eine Kugel Eis geben und mit den Schoko-Malz-
Kugeln dekorieren. Sofort servieren.

Dieser Vanille-Milchshake ist einfach, aber absolut köstlich und an einem heißen Sommertag unglaublich erfrischend. Für eine Variante mit Schokolade können Sie einfach 2 Esslöffel Schokoladensirup zusammen mit den anderen Zutaten in den Mixer geben.

VANILLE-MALZ-FRAPPÉ

½ Vanilleschote
400 ml kalte Milch
60 g Malzmilchpulver (siehe
   S. 20)
4 Kugeln Vanilleeis
10–15 Eiswürfel oder Crushed
   Ice

2 hohe Gläser, gekühlt
2 Strohhalme

2 PORTIONEN

Die Vanilleschote längs halbieren und das Mark mit einem Teelöffel herauskratzen. Das Vanillemark mit der Milch und den restlichen Zutaten in den Mixer geben und so lange mixen, bis der Shake dickflüssig und schaumig ist und die Eiswürfel zerkleinert sind.

Den Milchshake in gekühlte Gläser füllen und sofort mit Strohhalmen servieren.

TIPP Werfen Sie die ausgekratzte Vanilleschote nicht weg, denn sie besitzt immer noch ein köstliches Aroma. Waschen und trocknen Sie die Schote und geben Sie sie in ein mit Zucker gefülltes Schraubglas. Nach 3 Wochen haben Sie einen zart duftenden Vanillezucker, der sich perfekt zum Backen von Kuchen und Plätzchen eignet.

FRUCHTIG

Apfelschnee ist ein cremiges Dessert aus Apfelpüree und geschlagener Sahne. Damit er besonders leicht wird, zieht man am besten noch Eischnee unter. Diesen können sie weglassen, wenn Sie den Shake für Personen zubereiten, die keine rohen Eier essen.

APFELSCHNEE-SHAKE

FÜR DEN APFELSCHNEE

2 grüne Äpfel, geschält, entkernt und in dünne Scheiben geschnitten

Frisch gepresster Saft von ½ Zitrone

30 g extrafeiner Zucker

150 g Crème double

1 Eiweiß

FÜR DAS APFELSORBET

200 ml naturtrüber Apfelsaft

10 Eiswürfel oder Crushed Ice

Grüne Zuckerstreusel und Apfelscheiben zum Dekorieren

2 Eisbecher oder große Martinigläser, gekühlt

2 PORTIONEN

Die Apfelscheiben mit dem Zitronensaft, dem Zucker und 3 Esslöffeln Wasser in einen Topf geben und so lange köcheln lassen, bis die Äpfel sehr weich sind. Abkühlen lassen und mit einem Stabmixer pürieren.

Die Crème double in einer großen Rührschüssel aufschlagen. In einer separaten Schüssel das Eiweiß steif schlagen. Den Eischnee und das Apfelpüree unter die Schlagsahne heben und bis zum Gebrauch im Kühlschrank aufbewahren.

Für das Apfelsorbet den Apfelsaft und die Eiswürfel oder das Crushed Ice in einen Mixer geben und so lange mixen, bis das Eis zerkleinert ist.

Das Apfelsorbet in gekühlte Gläser füllen und auf jede Portion einen Löffel Apfelschnee geben. Mit Zuckerstreuseln und Apfelscheiben dekorieren und sofort servieren.

Zitronen-Baiser-Torte ist eines meiner Lieblingsdesserts. Die Kombination von leicht karamellisiertem Baiser und säuerlicher Zitronencreme ist einfach köstlich! Hier ist meine Milchshake-Version: ein Zitronen-Joghurt-Shake mit einer zarten, knusprigen Baiserhaube. Servieren Sie ihn mit einem Löffel, damit Sie das Baiser nach dem Austrinken essen können.

ZITRONEN-BAISER

3 EL Lemon Curd
300 g Zitronenjoghurt
3 Kugeln Zitronen- oder Vanille-
    eis
300 ml kalte Milch
2 kleine Baisers

2 hohe Gläser, gekühlt
2 Strohhalme
Eine Dosierflasche

2 PORTIONEN

2 Esslöffel Lemon Curd in eine Dosierflasche geben und die Gläser von innen mit einer Spirale aus Zitronencreme verzieren.

Den Joghurt, die Eiscreme, die Milch und das restliche Lemon Curd in einen Mixer geben und glatt mixen.

In die vorbereiteten Gläser füllen und auf jede Portion ein Baiser setzen. Sofort mit Strohhalmen und Löffeln für die Baisers servieren.

Smoothies sind beliebte und äußerst erfrischende Getränke auf Joghurtbasis. Mit gefrorenen Beeren zubereitet, die während des Mixens auftauen, bieten sie die perfekte Abkühlung. Sie können alle erdenklichen Kombinationen von Beeren verwenden, die Sie mögen. Ich nehme am liebsten Erdbeeren, Blaubeeren und Himbeeren. Mit Fruchtspießen dekoriert, ist dieser kühlende Drink perfekt dazu geeignet, bei Sonnenschein serviert zu werden.

BEEREN-SMOOTHIE

8–10 frische Beeren Ihrer Wahl (z. B. Erdbeeren, Brombeeren und Himbeeren)

2 EL Beerensoße (siehe S. 8 oder gekauft)

300 g Naturjoghurt

300 ml kalte Milch

150 g frische reife Erdbeeren

250 g gefrorene gemischte Beeren

1 TL Vanilleextrakt

1 EL flüssiger Honig bzw. nach Belieben

2 Holzspieße
Eine Dosierflasche
2 hohe Gläser, gekühlt
2 Strohhalme

2 PORTIONEN

Auf jeden Spieß mehrere Beeren stecken und bis zum Gebrauch im Kühlschrank aufbewahren.

2 Esslöffel Beerensoße in eine Dosierflasche geben und die Innenseite der Gläser damit spiralförmig verzieren.

Die übrigen Zutaten in einen Mixer geben und mixen, bis das ganze Obst püriert ist. Wenn Ihr Mixer nicht stark genug ist, um die gefrorenen Beeren zu zerkleinern, lassen Sie sie bei Zimmertemperatur etwas antauen, bevor Sie sie in den Mixer geben.

Den Smoothie durch ein Sieb passieren, um die Kerne zu entfernen, anschließend in die vorbereiteten Gläser füllen. Jedes Glas mit einem Fruchtspieß und einem Strohhalm versehen und servieren.

TIPP Die Süße des Smoothies hängt vom Zuckergehalt der Beeren ab. Fügen Sie, falls nötig, noch ein wenig mehr Honig hinzu.

Mein Mann Sacha, von dem dieses Rezept stammt, ist Inder, und Lassis sind bei uns zu Hause sehr beliebt, besonders die mit Mangogeschmack. Man kann zwar frische Mangos verwenden, aber wir bevorzugen Mangopüree aus der Dose. Es mag seltsam erscheinen, ein süßes Getränk mit Salz und Kreuzkümmel zu würzen, aber dadurch kommt der Geschmack der Mango erst so richtig zur Geltung. Für ein optimales Ergebnis sollten Sie cremigen Joghurt verwenden und die grünsten Pistazien, die Sie finden können.

MANGO-LASSI

¼ TL Kreuzkümmelsamen

¼ TL Meersalz

360 ml Mangopüree

300 g Naturjoghurt und 2 TL
   zum Servieren

200 ml kalte Milch

1 EL geschälte Pistazien, fein
   gehackt, zum Dekorieren

Essbares Blattgold zum Dekorieren (wer mag)

2 hohe Gläser, gekühlt

2 PORTIONEN

Die Kreuzkümmelsamen mit dem Salz im Mörser fein zerstoßen.

In jedes Glas 2 Esslöffel Mangopüree geben und die Gläser so schwenken, dass die untere Hälfte mit einer dicken Schicht Püree bedeckt ist. Dadurch ergibt sich ein hübscher zweifarbiger Effekt, wenn das Lassi eingefüllt wird.

Den Joghurt, die Milch und das restliche Mangopüree mit dem Gewürz in einen Mixer füllen und glatt mixen.

In die vorbereiteten Gläser füllen und auf jede Portion etwas Joghurt geben. Mit den gehackten Pistazien und – falls gewünscht – ein paar Stückchen Blattgold bestreuen und sofort servieren.

An einem heißen Tag sind eiskalte Melonenscheiben eine willkommene Erfrischung. Wenn Sie mögen, fügen Sie einen Schuss Tequila oder weißen Rum hinzu.

WASSERMELONEN-COOLER

1 kleine, reife, kernlose Wasser-
  melone (Sie brauchen ca.
  800 g Fruchtfleisch)
Frisch gepresster Saft von
  3 Limetten
20 Eiswürfel oder Crushed Ice
Zucker zum Abschmecken
Limettenspalten zum Servieren
  (wer mag)

Kugelausstecher
2 Holzspieße
2 hohe Gläser, gekühlt
2 Strohhalme

2 PORTIONEN

Mit einem Kugelausstecher 6 Melonenkugeln ausstechen und je 3 auf einen Spieß stecken. Bis zum Gebrauch zugedeckt im Kühlschrank aufbewahren.

Das übrige Melonenfruchtfleisch klein schneiden und die Limetten auspressen (Kerne entfernen). Den Limettensaft mit der Melone und den Eiswürfeln oder dem Crushed Ice im Mixer zu einem glatten Püree verarbeiten.

Die Süße des Getränks überprüfen. Wenn es zu sauer ist, noch ein wenig Zucker hinzufügen und nochmals mixen.

In gekühlte Gläser füllen und mit Strohhalmen, den Melonen-spießen und – wer mag – Limettenspalten servieren.

Das Rezept zu diesem Getränk erhielt ich im Layana-Hotel in Thailand, einem tropischen Paradies, wo die Tage im ewigen Sonnenschein dahinziehen. Durch die Säure der Zitrone und den betörenden Duft der Minze ist der Drink unglaublich erfrischend.

ANANAS-MINZ-CRUSH

1 grüner Apfel, entkernt und klein geschnitten

1 Zitrone, in 8 Spalten geschnitten, Kerne entfernt

2 EL frische Minze, gehackt

2 TL extrafeiner Zucker

300 ml Ananassaft

300 ml Mangosaft

12 Eiswürfel

Ananasscheiben zum Dekorieren

Frische Minzzweige zum Dekorieren

Ein Stößel
Ein Cocktail-Shaker
2 hohe Gläser, gekühlt

2 PORTIONEN

Die Apfelstücke und die Zitronenspalten in einen Krug oder eine Kanne geben, die Minze und den Zucker hinzufügen und alles mit einem Stößel zerdrücken.

Das zerdrückte Obst in einen Shaker füllen und die Fruchtsäfte und ein paar Eiswürfel hinzufügen. Kräftig schütteln, damit sich die Zutaten vermischen und der Drink gekühlt wird.

In gekühlte, mit Eis gefüllte Gläser abseihen und mit einer kleinen Ananasscheibe und einem Zweig Minze dekoriert servieren.

Dieser cremige Smoothie mit Bananen- und Kokosgeschmack ist ein wahrer Genuss. Wenn man ihn in witzigen Gläsern mit Kokos-Schokoladen-Rand serviert, ist er der perfekte Partydrink. Kokosjoghurt ist in den meisten Supermärkten erhältlich, aber wenn Sie keinen finden können, nehmen Sie Naturjoghurt und 2 Esslöffel Kokoscreme.

BANANEN-KOKOS-SMOOTHIE

2 reife Bananen, geschält und in
   Scheiben geschnitten
400 g Kokosjoghurt
300 ml kalte Milch
2 EL Ahornsirup
Ein paar Tropfen gelbe Speisefarbe (wer mag)

FÜR DIE GLÄSER
30 g Vollmilch-/Zartbitter-
   schokolade
20 g Kokosraspeln

2 weite Gläser
2 Strohhalme

2 PORTIONEN

Die Schokolade in einer hitzebeständigen Schüssel über einem Wasserbad schmelzen lassen. Wenn die Schokolade geschmolzen ist, die Schüssel vorsichtig vom Topf nehmen.

Die Kokosraspeln in einer Pfanne ohne Fett unter ständigem Rühren goldbraun rösten. Auf einen Teller schütten. Den Rand der Gläser zuerst in die Schokolade tauchen und anschließend in die Kokosraspeln drücken. Bis zum Servieren beiseite stellen.

Die Bananen mit dem Joghurt, der Milch, dem Ahornsirup und – falls gewünscht – ein paar Tropfen gelber Speisefarbe in einen Mixer geben und schaumig mixen. Probieren und bei Bedarf mit Ahornsirup nachsüßen.

In die vorbereiteten Gläser füllen und sofort mit Strohhalmen servieren.

WITZIG

Mit Schokolade überzogene Butterkekse sind das Herzstück dieses köstlichen Milchshakes. Am liebsten mag ich die Variante mit Maltesers, das ergibt einen tollen Karamellgeschmack. Wenn Sie kein Eis mit Keksstücken finden können, ersetzen Sie es durch Vanilleeis.

SCHOKOKEKS-SHAKE

4 Kugeln Vanilleeis mit Keksstücken
500 ml Milch
40 g Butterkekse mit Schoko-
   ladenüberzug oder Maltesers,
   grob gehackt

2 hohe Gläser, gekühlt
2 Strohhalme

2 PORTIONEN

2 Kugeln Eiscreme mit der Milch und drei Vierteln der Butterkekse in einen Mixer geben und so lange mixen, bis der Shake dickflüssig und cremig ist.

Den Milchshake in die gekühlten Gläser füllen, auf jede Portion eine zweite Kugel Eiscreme geben und mit den restlichen gehackten Butterkeksen bestreuen. Sofort mit Strohhalmen servieren.

Dieses Rezept macht aus Milch mit Plätzchen – der perfekte Genuss nach Schulschluss – etwas ganz Besonderes. Wenn die Eiswürfel schmelzen, wird die Milch schokoladig. Chips und Salzbrezeln mögen ungewöhnliche Zutaten in Plätzchen sein, aber das Salzige und die weiße Schokolade passen ausgezeichnet zusammen.

GEEISTE MILCH MIT PLÄTZCHEN

FÜR DIE SCHOKOLADEN-EISWÜRFEL

330 ml Wasser

2 EL Schokoladensirup (siehe S. 8 oder gekauft)

FÜR DIE SALZBREZEL-PLÄTZCHEN

125 g weiche Butter

120 g extrafeiner Zucker

200 g Mehl, gesiebt

1 TL Backpulver

1 großes Ei

1 TL Vanilleextrakt

60 g Salzbrezeln

30 g gesalzene Kartoffelchips

200 g weiße Schokoladentropfen

Eiskalte Milch zum Servieren

2 Backbleche, gefettet und mit Backpapier ausgelegt
2 Eiswürfelbereiter aus Silikon
2 hohe Gläser

2 PORTIONEN, 16 PLÄTZCHEN

Für die Schokoladeneiswürfel den Schokoladensirup mit dem Wasser verquirlen und in die Eiswürfelbereiter füllen. Über Nacht ins Gefrierfach stellen.

Den Backofen auf 180 °C vorheizen.

Butter und Zucker in einer großen Rührschüssel mit dem elektrischen Handrührgerät schaumig schlagen. Mehl, Backpulver, Ei und Vanilleextrakt hinzufügen und alles zu einem weichen Teig verrühren. Salzbrezeln, Chips und Schokoladentropfen unterrühren.

Mit einem Esslöffel Teighäufchen auf die vorbereiteten Backbleche setzen. Dabei etwas Abstand zwischen den Plätzchen lassen, weil sie beim Backen auseinander gehen. 10–15 Minuten lang backen, bis sie oben goldbraun, in der Mitte aber noch etwas weich sind. Kurz auf den Backblechen abkühlen lassen, dann zum vollständigen Abkühlen auf ein Kuchengitter setzen.

Hohe Gläser mit Schokoladeneiswürfeln füllen und mit eiskalter Milch auffüllen. Zusammen mit den Plätzchen servieren. Übrig gebliebene Plätzchen halten sich in einem luftdichten Behälter bis zu 5 Tage lang.

Dieser marmeladige und mit Mini-Doughnuts am Spieß servierte Drink ist ein echter Genuss. Sie können die Mini-Doughnuts entweder im Supermarkt kaufen oder sogar selbst backen. Noch warm zu dem kühlen Shake serviert, schmecken sie einfach wunderbar.

DOUGHNUT-FLOAT

4 EL Erdbeerkonfitüre
 oder -gelee
500 ml kalte Milch
4 Kugeln Vanilleeis
1 TL Vanilleextrakt
6 Mini-Doughnuts zum Servieren

2 hohe Gläser, gekühlt
2 Holzspieße

2 PORTIONEN

Mit einem sauberen Backpinsel die Innenseiten der Gläser mit der Erdbeerkonfitüre bzw. dem -gelee streifenförmig verzieren.

Je 3 Mini-Doughnuts auf einen Spieß stecken und bis zum Gebrauch beiseite legen.

Die restlichen 2 Esslöffel der Konfitüre/des Gelees mit der Milch, 2 Kugeln Eiscreme und dem Vanilleextrakt in den Mixer geben und so lange mixen, bis der Shake dickflüssig und schaumig ist. Durch ein Sieb passieren, um die Erdbeerkerne zu entfernen.

Den Milchshake im Mixer noch einmal schaumig mixen. In die vorbereiteten Gläser füllen, in jedes Glas eine zweite Kugel Vanilleeis geben und sofort mit den Doughnut-Spießen servieren.

Für diesen köstlichen Shake stand die bei uns zu Hause beliebte Eiscremesorte
„Cookies and Cream" Pate. Der Shake steckt voller Oreo-Kekse und wird mit
noch mehr Keksen zusammen serviert. Das ist sehr lecker.

KEKS UND MILCHCREME

4 Kugeln Cookies-and-Cream-
   Eis oder Vanilleeis
400 ml Milch
2 EL Schokoladensirup (siehe
   S. 8 oder gekauft)
8 Oreo-Kekse und zusätzliche
   zum Servieren
Geschlagene Sahne

2 hohe Gläser, gekühlt

2 PORTIONEN

2 Kugeln Eiscreme mit der Milch, dem Schokoladensirup und 7 Oreo-
Keksen in den Mixer geben und so lange mixen, bis der Shake dickflüssig und schaumig ist.

In die gekühlten Gläser füllen und in jedes Glas noch eine weitere
Kugel Eiscreme geben. Auf jeden Milchshake ein Sahnehäubchen
setzen.

Einen Keks zerkrümeln und über die Milchshakes streuen. Sofort mit
noch mehr Keksen servieren.

Mit Himbeersoße durchzogenes Vanilleeis ist bei Kindern ein sehr beliebtes Dessert. In Kombination mit Himbeer- oder Kirschlimonade wird daraus das schönste Getränk: leuchtend pink und mit Zuckerstreuseln dekoriert. Servieren Sie dazu Löffel, damit Sie die frischen Himbeeren essen können.

VANILLE-HIMBEER-FLOAT

4 Kugeln Vanilleeis mit Himbeersoße
10 frische Himbeeren
500 ml kalte Himbeer- oder
  Kirschlimonade
Pinkfarbene Zuckerstreusel zum
  Dekorieren

2 hohe Gläser, gekühlt
2 Strohhalme

2 PORTIONEN

In jedes Glas eine Kugel Eiscreme geben und die Himbeeren auf die Gläser verteilen. Mit der Limonade auffüllen und in jedes Glas eine weitere Kugel Eiscreme geben. Mit Zuckerstreuseln dekorieren und sofort mit Strohhalmen servieren.

Ahornsirup, kandierte Nüsse und Popcorn – kann man sich in einem Milchshake noch mehr wünschen? Wenn Sie eine Party feiern, stecken Sie das Popcorn auf bunte Dekospieße, um Ihren Drinks noch ein wenig mehr Glanz zu verleihen.

AHORNSIRUP-POPCORN-SHAKE

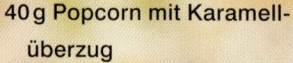

40 g Popcorn mit Karamell-
   überzug
4 Kugeln Krokant-Sahne-Eis
2 EL Ahornsirup
400 ml kalte Milch

2 dünne Holzspieße
2 hohe Gläser, gekühlt
2 Strohhalme

2 PORTIONEN

Auf jeden Spieß ca. 5 Stück Popcorn stecken und bis zum Servieren beiseite legen. Das Popcorn vorsichtig aufspießen, weil es leicht zerbricht.

Die Eiscreme, den Ahornsirup, die Milch und das übrige Popcorn in einen Mixer geben und so lange mixen, bis der Shake sehr dickflüssig und schaumig ist.

In gekühlte Gläser füllen und sofort mit Strohhalmen und den Spießen servieren.

DEKADENT

Jedes Jahr liegt für mich unter dem Weihnachtsbaum eine köstliche Orangenschokolade. Ehrlich gesagt, wäre es ohne die auch kein echtes Weihnachten! Dieser Smoothie aus Orangenjoghurt und dunkler Orangenschokolade ist ein Muss für alle Schokoholics und Orangenliebhaber.

SCHOKOLADEN-ORANGEN-SMOOTHIE

FÜR DIE SCHOKOLADEN-ORANGEN-SOSSE

50 g dunkle Orangenschokolade, gehackt

60 ml Golden Syrup oder heller Zuckerrübensirup

FÜR DEN SMOOTHIE

300 g Orangenjoghurt

300 ml kalte Milch

10 Eiswürfel oder Crushed Ice

10 g Milchschokolade, fein geschnitten, zum Dekorieren

1 EL kandierte Orangenschale oder Orangeat zum Dekorieren (wer mag)

2 hohe Gläser, gekühlt

2 Strohhalme

2 PORTIONEN

Für die Schokoladen-Orangen-Soße die gehackte Schokolade, den Sirup und 1 Esslöffel Wasser in einen kleinen Topf geben. Bei milder Hitze unter ständigem Rühren so lange erwärmen, bis die Schokolade geschmolzen und eine glatte Soße entstanden ist. Zum Abkühlen beiseite stellen.

Für den Smoothie den Orangenjoghurt, die Milch, die abgekühlte Schokoladen-Orangen-Soße und die Eiswürfel bzw. das Cruhed Ice so lange mixen, bis der Smoothie glatt und dickflüssig ist.

Den Smoothie in gekühlte Gläser füllen, mit Schokosplittern und nach Belieben mit Orangenschale dekorieren und sofort mit Strohhalmen servieren.

Diese Milchshakes sehen wie ein Pastellbild in Rosa- und Lilatönen aus. Der Rosen-Shake wird mit zerkleinerten Rosenblütenblättern bestreut serviert und schmeckt aromatisch und blumig, während die beruhigende und schlaffördernde Wirkung des Lavendels diesen Milchshake zum perfekten Getränk vor dem Schlafengehen macht. Achten Sie darauf, nur unbehandelte Rosen- und Lavendelblüten zu verwenden.

ROSENBLÜTEN- UND LAVENDELTRAUM

FÜR DEN ROSENBLÜTENTRAUM

400 ml kalte Milch

4 Kugeln Roseneis oder Vanilleis

1–2 EL Rosensirup, je nach Geschmack

3–4 frische Rosenblütenblätter, in feine Streifen geschnitten, zum Dekorieren

Rosen-Lokum zum Servieren (wer mag)

FÜR DEN LAVENDELTRAUM

2 TL Lavendelblüten

50 g extrafeiner Zucker

4 Kugeln Vanilleis

400 ml kalte Milch

Ein paar Tropfen lila Speisefarbe (wer mag)

4 kleine Gläser, gekühlt

JE 4 PORTIONEN

Für den **Rosenblütentraum** die Milch und die Eiscreme im Mixer schaumig rühren. Mit Rosensirup abschmecken und nochmals mixen. Wenn Sie Vanilleeis verwenden, geben Sie noch einen zusätzlichen Löffel Rosensirup dazu für mehr Rosenaroma. In gekühlte Gläser füllen und mit den in Streifen geschnittenen Blütenblättern bestreuen. Sofort mit Lokum – falls gewünscht – servieren.

Für den **Lavendeltraum** (Abbildung auf S. 1) die Lavendelblüten, den Zucker und 80 ml Wasser in einem Topf so lange sieden lassen, bis sich der Zucker aufgelöst hat. Zum Kochen bringen und ein paar Minuten lang kochen lassen, bis ein dünnflüssiger Sirup entsteht. Vom Herd nehmen und abkühlen lassen. Den abgekühlten Sirup durch ein Sieb gießen, um die Lavendelblüten zu entfernen. Die Eiscreme, den Lavendelsirup und die Milch mit ein paar Tropfen lila Speisefarbe (wer mag) in den Mixer geben und so lange mixen, bis der Shake glatt und schaumig ist. In gekühlte Gläser füllen und sofort servieren.

Schokolade und Kirschen sind eine köstliche Kombination. Dickflüssiger Schokoladensirup und Joghurt-Kirsch-Eis werden bei diesem Getränk mit frischem Kirschsaft aufgefüllt. Diese Version hier wird mit einer frischen Kirsche dekoriert, aber wenn es einmal etwas ganz Besonderes sein soll, können Sie auch eine mit Alkohol gefüllte Kirschpraline verwenden.

SCHOKOLADEN-KIRSCH-SHAKE

2 EL Schokoladensirup (siehe
S. 8 oder gekauft)
250 ml Kirschsaft
2 Kugeln Joghurt-Kirsch-Eis
Geschlagene Sahne
Schokostreusel zum Dekorieren
2 Kirschen zum Dekorieren

2 hohe Gläser mit Stiel, gekühlt

2 PORTIONEN

In jedes Glas einen Esslöffel Schokoladensirup geben und die Gläser so schwenken, dass das untere Drittel mit Sirup bedeckt ist.

Den Kirschsaft mit der Eiscreme im Mixer schaumig rühren.

In die vorbereiteten Gläser füllen und mit einem Sahnehäubchen bedecken. Mit Schokostreuseln und Kirschen dekorieren und sofort servieren.

Dieser Milchshake mit starkem Kaffee und süßer Eiscreme ist der ultimative Muntermacher. Kaffeeeis ist manchmal schwer erhältlich. Wenn Sie keines bekommen können, ersetzen Sie es durch Vanilleeis und fügen Sie noch einen Schuss Espresso hinzu.

KAFFEE-FRAPPÉ

2 Schuss Espresso, gekühlt
350 ml Milch
4 Kugeln Kaffeeeis
15 Eiswürfel oder Crushed Ice
Geschlagene Sahne
Ungesüßtes Kakaopulver zum
	Bestäuben
2 schokolierte Kaffeebohnen
	oder Schokoladen-Kaffee-
	bohnen zum Dekorieren

2 hohe Gläser, gekühlt
2 Strohhalme

2 PORTIONEN

Den Espresso, die Milch und 2 Kugeln Eiscreme mit den Eiswürfeln oder dem Crushed Ice in den Mixer geben und so lange mixen, bis der Shake dickflüssig und cremig ist.

Den Milchshake in gekühlte Gläser füllen und auf jede Portion noch eine Kugel Eiscreme geben. Ein Sahnehäubchen aufsetzen, mit Kakaopulver bestäuben und mit einer schokolierten Kaffeebohne dekorieren. Sofort mit Strohhalmen servieren.

Wenn man einer dickflüssigen Karamellsoße eine Prise Salz hinzufügt, dann verleiht ihr das eine ganz neue Geschmackstiefe. Mit Fudge-Stückchen bestreut und mit viel leckerem Karamelleis zubereitet, ist dieser Milchshake ein einziger cremiger Karamell-Traum!

GESALZENER KARAMELL-SHAKE

FÜR DIE GESALZENE KARAMELLSOSSE

100 g extrafeiner Zucker

50 g Butter

1 Pr Salz

3 EL Crème double

FÜR DEN MILCHSHAKE

400 ml kalte Milch

4 Kugeln Toffee-/Karamelleis

2 Stück Vanille-Fudge, fein gewürfelt, zum Dekorieren

2 hohe Gläser, gekühlt

2 PORTIONEN

Für die gesalzene Karamellsoße den Zucker und die Butter in einem kleinen Topf bei milder Hitze so lange erwärmen, bis die Butter geschmolzen ist und der Zucker sich aufgelöst hat. Das Salz und die Crème double hinzufügen und ein paar Minuten lang köcheln lassen, bis eine dickflüssige Soße entstanden ist. Zum Abkühlen beiseite stellen.

In jedes Glas einen Esslöffel der abgekühlten Karamellsoße geben und die Gläser so schwenken, dass die untere Hälfte mit Karamell überzogen ist.

Die Milch mit der restlichen Karamellsoße (ein wenig zur Dekoration zurückbehalten) und 2 Kugeln Eiscreme im Mixer glatt und schaumig rühren.

Den Milchshake in die gekühlten Gläser füllen und auf jede Portion noch eine Kugel Eiscreme geben. Mit den Fudge-Stückchen bestreuen, mit dem Rest der Karamellsoße beträufeln und sofort servieren.

Warum sollte man zum Abschluss eines sommerlichen Abend-
essens nicht einmal einen Schokoladen-Minz-Shake servieren?
Wenn der Drink noch beeindruckender aussehen soll, können
Sie mit etwas grüner Speisefarbe nachhelfen. In jedem Fall sind
diese Milchshakes die perfekte Erfrischung.

SCHOKOLADEN-MINZ-SHAKE

FÜR DIE SCHOKOLADEN-MINZ-SOSSE
50 g Pfefferminz-Schokoladen-
    Täfelchen
2 EL Crème double
1 EL Golden Syrup oder heller
    Zuckerrübensirup

FÜR DEN MILCHSHAKE
4 Kugeln Pfefferminzeis mit
    Schokostückchen
350 ml kalte Milch
Ein paar Tropfen grüne Speise-
    farbe (wer mag)
Schokostreusel zum Dekorieren
4 Pfefferminz-Schokoladen-Stäb-
    chen oder -Täfelchen zum
    Servieren (wer mag)

2 hohe Gläser, gekühlt
Eine Dosierflasche

2 PORTIONEN

Für die Schokoladen-Minz-Soße die Pfefferminz-
Schokoladen-Täfelchen mit der Crème double und
dem Sirup bei milder Hitze so lange unter Rühren
erwärmen, bis die Schokolade geschmolzen und
eine glatte Soße entstanden ist. Zum Abkühlen beiseite stellen.

Die Schokoladen-Minz-Soße in eine Dosierflasche
füllen und die Innenseite der Gläser mit dekorativen
Mustern verzieren.

2 Kugeln Eiscreme mit der Milch und nach Belieben
mit der Speisefarbe in einen Mixer geben und so
lange mixen, bis der Shake glatt und schaumig ist.

In die vorbereiteten Gläser füllen, in jedes Glas eine
Kugel Eiscreme geben und mit Schokostreuseln
dekorieren. Sofort servieren und nach Belieben
noch mehr Pfefferminz-Schokoladen-Täfelchen oder
-Stäbchen dazu reichen.

REGISTER

Während ich dieses Buch schrieb, erzählte mir meine Freundin Julia von einem köstlichen Pistazien-Milchshake, den Sie im Hafen einer griechischen Insel serviert bekam, während sie auf eine Fähre wartete. Natürlich musste ich ihn sofort nachmachen. Das ist ein wahrhaft exotischer Milchshake – perfekt für heiße Tage, an denen man lieber an einem Strand in Griechenland liegen würde! Pistaziensirup kann man übers Internet beziehen, und er ist eine gute Möglichkeit, die Gläser zu verzieren.

PISTAZIEN-MILCHSHAKE

6 Kugeln Pistazieneis
400 ml kalte Milch
Pistaziensirup zum Dekorieren
  (wer mag)

2 hohe Gläser, gekühlt
2 Strohhalme

2 PORTIONEN

Die Eiscreme mit der Milch in einen Mixer geben und so lange mixen, bis der Shake dickflüssig und schaumig ist.

Die Gläser nach Belieben spiralförmig mit Pistaziensirup verzieren, dann den Milchshake einfüllen und sofort mit Strohhalmen servieren.